Gianvincenzo Nicodemo

Universal design for learning
e disabilità intellettiva

Spunti per insegnanti ed educatori

CDS Edizioni

1a edizione chiusa in tipografia nel mese di maggio 2022

© Copyright 2022 CDS Edizioni

Autore: Nicodemo Gianvincenzo
Copertina e impaginazione: Gennaro Giordano

ISBN 979-84-1637-411-2

Sito Web personale: www.gianvincenzonicodemo.it
Sito Web casa editrice: www.cdsedizioni.it/
Youtube: www.youtube.com/c/Pedagogikatv
Facebook: www.facebook.com/gianvincenzonicodemo/
Linkedin: www.linkedin.com/in/gianvincenzonicodemo/
Email: gianvincenzo.nicodemo@hotmail.com

Dedicato a mio Padre

SOMMARIO

INTRODUZIONE

Nelle nostre scuole è per lo più prassi impostare l'insegnamento sulla progettazione di interventi didattici rivolti all'intera classe. Tali interventi, di solito, sono tarati su un modello di alunno, che si potrebbe definire "standard". Un 'tipo ideale', che non esiste nella realtà in quanto nelle classi sono presenti bambini o ragazzi con la propria individualità, le proprie capacità e potenzialità, con inclinazioni e interessi personali, con bisogni e stili di apprendimento diversi per ciascuno, mai coincidenti con quelli dell'ipotetico alunno ideale medio. Ma la progettazione didattica, tarata sull'alunno ideale, si rivela presto insufficiente per garantire gli apprendimenti e il successo formativo di tutti gli alunni, e, di conseguenza, si deve ricorrere all'adozione di correttivi: progetti per gli alunni che eccellono, per esempio, o piani personalizzati per alunni con disabilità o per studenti con diagnosi di DSA.

Questo progettare e riprogettare comporta certamente dei costi, fra i quali si può annoverare anche il tempo dedicato dagli insegnanti allo studio e alla stesura, condivisa con gli altri docenti, delle opportune strategie. La riprogettazione e la riprogrammazione didattica, spesso, sono conseguenti alla rilevazione di insuccessi formativi. Insomma, per decidersi a mettere in atto un cambiamento c'è quasi sempre bisogno di sperimentare e riconoscere l'errore che, nelle classi, consiste nel non tener conto delle differenze individuali e dei bisogni dei singoli alunni; vi sono alunni che, per esempio, imparano meglio in contesti di gruppo e altri in coppia, alcuni leggendo testi e altri studiando schemi, alcuni ascoltando e altri privilegiano il canale visuale.

L'*Universal design for learning* si offre quale proposta strategica a vantaggio di tutti gli alunni. Si tratta, infatti, di un approccio alla progettazione didattica che risponde a questo genere di problematiche e che, essendo stato studiato al fine di promuovere inclusione scolastica, è considerato un orientamento importante nella programmazione di attività didattiche nelle classi in cui sono iscritti alunni con disabilità. Ed è ciò che si intende analizzare con questo lavoro diviso in tre capitoli.

- Il primo analizza il valore dell'inclusione scolastica, come processo irreversibile da sostenere e promuovere, anche mediante progettazioni tese a rinnovarla (come l'*Universal design learning* e la Progettazione universale dell'apprendimento).

- Il secondo capitolo ricerca la compatibilità fra "didattica" e "Udl", interrogandosi sull'applicazione di quest'ultima nelle classi inclusive; per questo la riflessione prende in considerazione le ricerche e la validazione scientifica offerte anche da contributi recenti.

· Il terzo capitolo, infine, propone un'applicazione del l'*Universal design learning* alla didattica inclusiva, offrendo suggerimenti e spunti operativi per l'organizzazione didattica e per l'applicazione nelle classi, a favore di tutti gli alunni, compresi gli alunni con disabilità

1. UN PROCESSO IRREVERSIBILE CHE NON TOLLERA "SCIATTERIE"

1.1 Il valore dell'inclusione

Per l'inclusione scolastica degli alunni con disabilità è ragionevole argomentare che valga quanto le linee guida ministeriali del 2009 riferiscono sull'integrazione, ossia che si tratti di

> "*un processo irreversibile,* [e che] *proprio per questo non può adagiarsi su pratiche disimpegnate che* [ne] *svuotano il senso pedagogico, culturale e sociale*"[1].

Se si tratta di un processo – per di più, di un processo 'irreversibile' - è necessario che il circuito teoria-pras-

---

[1] Nota MIUR (Ministero dell'istruzione, dell'Università e della Ricerca), *Linee guida per l'integrazione scolastica degli alunni con disabilità*, 4 agosto 2009, Prot. n. 4274.

si-teoria,[2] proprio di una scienza come quella pedagogica, sia in continua evoluzione. E in effetti si riscontra un moltiplicarsi di ricerche in ambito di Pedagogia Speciale, volte ad approfondire le pratiche didattiche, a ricercare nuove strategie, a trovare altri percorsi, al fine di migliorare la qualità dell'inclusione scolastica.

Ma l'inclusione non è solo una teoria o una prassi. L'inclusione, prima di essere un insieme di azioni o di conoscenze, è

> *"un modo di essere, di sentire e di percepire la realtà che ci circonda e che si concretizza con pensieri, linguaggi e azioni nei contesti di vita indirizzati alle persone"*[3];

è un costrutto complesso che, secondo Cottini, va ad articolarsi in quattro piani fra loro complementari ed interagenti, la cui funzione è di operare e garantirne la massima espressione[4]: il piano dei principi; il piano

---

2 Cfr. Baldacci M., Colicchi E., *Teoria e prassi in pedagogia. Questioni epistemologiche*, Carocci, Roma 2016.

3 Savia G., *Universal design for learning: progettazione universale per l'apprendimento e didattica inclusiva*, Erickson, Trento 2016, p. 22.

4 Cfr. Cottini L., *Didattica speciale e inclusione scolastica*, Carocci Editore, Roma 2018.

dell'organizzazione del contesto e delle procedure a fini inclusivi; il piano metodologie da mettere in campo; il piano della verifica dell'operatività[5].

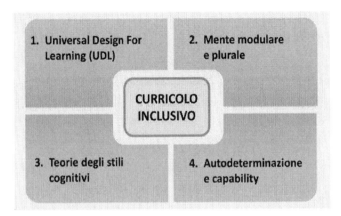

Figura 1. I quattro pilastri per il curricolo inclusivo.

Si tratta dunque di un processo completo, che abbraccia gli aspetti della didattica dai principi alla verifica, che, per realizzarsi in maniera compiuta, necessita della definizione di un percorso coerente e sistematico di insegnamento e di apprendimento, riferito a discipline singole e integrate tra loro, in cui gli opportuni obiettivi, le scelte didattiche più significative, le strategie maggiormente idonee, i processi di valutazione e mo-

---

5 Cfr. Cottini L., *Universal design for learning e curricolo inclusivo*, Giunti EDU, Firenze 2019.
La figura 1 è tratta da Cottini L., Universal design op.cit., p. 17

nitoraggio siano organizzati in funzione del raggiungimento del successo formativo di ogni allievo[6].

La programmazione è una scelta condivisa e una attività collettiva. Se, come purtroppo avviene spesso, la programmazione curricolare viene redatta dai soli docenti incaricati su posto disciplinare e quella individualizzata è elaborata dal collega o dai colleghi incaricati su posto di sostegno,

"non solo il curricolo risulta poco inclusivo, ma le corsie preferenziali vengono ad assumere la condizione di strade parallele, con qualche sporadico incrocio"[7].

---

6 Cfr. *Ibidem*, pp. 12 -13.

7 *Ivi*, p. 15.

1.2 Dai principi ai metodi della progettazione Pua

L'acronimo inglese Udl (*Universal design for learning*) e quello italiano Pua (*Progettazione Universale dell'apprendimento*) nella letteratura scientifica in lingua italiana, ove sono attestate entrambe le dizioni[8], sono utilizzati come equivalenti.

L'Udl si fonda su una valutazione neuropedagogica, che viene ricondotta ad una serie di valutazioni cui fanno riferimento direttamente gli autori nelle linee guida[9].

---

8 In questo lavoro si utilizzano indifferentemente l'acronimo Udl (*Universal design for learning*) e il suo analogo, derivante della traduzione italiana, Pua (Progettazione Universale per l'apprendimento), in considerazione del fatto che in letteratura, sull'argomento, sono attestate entrambe le dizioni.
Cfr. CAST, *Progettazione universale per l'apprendimento. Linee guida*, Trad. it. versione 2.0, 2015, oppure: Savia G., *op.cit.*, 2016.
Sempre per la dizione Udl Cfr. Cottini L., *op. cit.*, 2019.

9 Approfondimenti sulla neuropedagogia (come disciplina):
· Tarracchini E., *Riprendiamoci la pedagogia*, Pellegrini, Cosenza 2015, p. 19.
· Oliviero A., *Neuropedagogia. Cervello, esperienza, apprendimento*, Giunti, Firenze 2012.
Per i contenuti neuropedagogici che fondano la Pua:
· Moore S., David H. R., Meyer A, *Teaching Every Student in the Digital Age: Universal Design for Learning.*, Harvard education,

Pertanto, dal momento che sussistono tre reti neurali, che vengono principalmente coinvolte nel processo di apprendimento (riconoscimento, strategia e affettività), la progettazione del curricolo, fondata da Udl, cerca di abbinare ad ognuna delle reti neurali coinvolte nell'apprendimento un principio[10]. La Progettazione universale per l'apprendimento è una delle rare prospettive di didattica fondate sullo studio del funzionamento neurale.

Le linee guida Udl, predisposte dal CAST (*Centre for Applied Special Technology*), descrivono l'impegno iniziale, che era orientato a definire prioritariamente gli adattamenti dei curriculi rispetto alle esigenze individuali[11]. In un successivo momento, è emersa la consapevolezza che l'approccio adottato fosse *troppo limitato* e che, di conseguenza *"oscurava il ruolo fondamentale dell'ambiente nel determinare chi si considera o no persona 'disabile'"*[12]. Per questo, verso la fine degli anni Ottanta del secolo scorso, il CAST ha spostato *"l'attenzione verso il curriculum e i suoi limiti"*

Harvard 2005.

· Rose D. H., *The universally designed classroom. Accessible curriculum and digital technologies*, Harvard education, Harvard 2005.

10 Cfr. Cottini L., *Universal design op. cit.*, p. 19.

11 CAST, *Progettazione universale op. cit.*, p. 3.

12 Cfr. *Ibidem*.

chiedendosi in che modo i limiti rendessero "*'disabili'*
gli studenti"[13].

Lo spostamento dell'attenzione, dalla disabilità da com-
pensare all'eliminazione di ciò che 'disabilita' i contesti
educativi, invertiva la prospettiva in maniera radicale:

> *"questo cambiamento nell'approccio portò ad*
> *una semplice, ma profonda, consapevolezza:*
> *il peso dell'adattamento sarebbe dovuto rica-*
> *dere sul curriculum e non sullo studente. Visto*
> *che molti curricula non possono adattarsi alla*
> *variabilità individuale, si è giunti alla conclu-*
> *sione che questi, non gli studenti, sono 'disa-*
> *bili' e che pertanto è necessario 'modificare' i*
> *curricula e non gli studenti"*[14].

Una volta acquisita tale consapevolezza, era necessario
anticipare le difficoltà educative e intervenire prima che
esse rallentassero il processo educativo. Originariamen-
te il concetto di progettazione universale (*Universal
design*) si fondava su valutazioni di ordine architetto-
nico, relative alla necessità, nel progettare gli oggetti e
gli edifici, di realizzarli fin dal primo momento adatti a
tutti, per poi accorgersi, in un secondo momento, che si

---

13 *Ibidem.*

14 *Ibidem.*

sarebbe dovuto intervenire per introdurre adattamenti (rampe, ascensori, ecc), in quanto non fruibili dalle persone a ridotta mobilità. Questo concetto, che appare semplice e di facile comprensione, è contrario a quanto avviene solitamente in un approccio tradizionale di progettazione del percorso formativo. La prospettiva tradizionale, infatti, ha quasi sempre fondato la didattica sulla formazione e istruzione di un tipo di alunno ideale (come costruire un edificio con uno scalone di accesso), salvo poi realizzare successivamente l'equivalente di scivoli ed ascensori (Pdp, Pei, ecc.), in maniera talvolta posticcia, per curvare la programmazione didattica alle esigenze formative degli alunni. In questo processo, coloro che sono più fragili si trovano a sperimentare insuccessi, che giustificano una riprogrammazione. Al contrario, come affermano gli autori della Pua,

> *"bisogna operare prima, senza attendere gli insuccessi di qualcuno o il riconoscimento di bisogni educativi speciali di alcuni (alunni) per riprogettare l'offerta e per ritagliare percorsi individualizzati o personalizzati"*[15].

Scopo dell'educazione nel XXI secolo, rilevano i ricercatori del Cast, non è soltanto la padronanza dei contenuti o l'uso esperto delle nuove tecnologie, ma anche "*la*

---

15 Cfr. Savia G., *Universal design... op. cit.*, p. 98.

padronanza del processo di apprendimento"[16], cioè, aiutare a

> *"trasformare gli studenti principianti in studenti esperti, individui che vogliono apprendere, che sanno come apprendere strategicamente e che, da uno stile proprio altamente flessibile e personalizzato, sono ben preparati all'apprendimento per tutta la vita"*[17].

La Progettazione Universale per l'Apprendimento aiuta gli educatori a raggiugere questo obiettivo, fornendo un quadro per comprendere come creare curricula in grado di soddisfare i bisogni di tutti gli studenti sin dall'inizio. L'Udl mette al centro del processo di *design* degli ambienti e delle modalità di apprendimento le differenze di chi apprende, e non un *"idealtipo* medio". Si tratta di una progettazione didattica fondata sulle differenze individuali; su una concezione delle differenze quale elemento costitutivo di una pedagogia antropologica fondata sull'uomo come persona[18]. Si tratta, evidentemente, di differenze che sono infinite,

---

16 CAST, Progettazione universale... op. cit., p. 4.

17 *Ibidem*.

18 Cfr. Fioravanti G., *Pedagogia dello studio. Considerazioni e spunti per una pedagogia del desiderio*, Japadre Editore, L'Aquila 2003, pp. 214-217.

dalla varietà dei normali modi di relazionarsi alle situazioni di apprendimento; una pluralità di metodologie e di attività didattiche

> *"che non è solo differenziazione in termini di difficoltà del compito, ma anche e soprattutto differenziazione qualitativa, ottenuta anche con l'aggiunta di caratteristiche percettive/modalità operative-espressive/affettivo- relazionali che sono essenziali per alcuni e utili per tutti"*[19].

---

19 Savia G., *Universal design... op. cit.*, p. 9.

2. I TRE PRINCIPI DELLA PUA

La Progettazione universale dell'apprendimento si basa su tre principi[20].

Il primo principio riguarda la necessità di "fornire molteplici mezzi di rappresentazione" e concerne il *cosa* dell'apprendimento. Il Cast evidenzia come gli studenti differiscano per come percepiscono e comprendono le informazioni loro presentate. Per esempio, gli alunni con disabilità sensoriali (cecità o sordità), quelli con disturbi specifici dell'apprendimento (DSA) o con differenze linguistiche o culturali (alunni non italofoni) richiedono diversi modi di approccio ai contenuti. Altri studenti potrebbero semplicemente apprendere le informazioni più velocemente ed efficacemente avvalendosi di mezzi visivi o uditivi, piuttosto che attraverso il testo scritto. Inoltre, l'apprendimento e il trasferimento dell'apprendimento avvengono quando vengono usate rappresentazioni multiple, perché queste permettono agli studenti di fare dei collegamenti interni, così come tra i concetti. Non esiste un solo modo di rappresentazione che sia ottimale per tutti gli studenti; fornire opzioni di rappresentazione è fondamentale;

---

20 CAST, *Progettazione universale... op. cit.*, pp. 15-37.

Il secondo principio della progettazione universale prevede, in relazione al 'come' dell'apprendimento, la necessità di "fornire molteplici mezzi di azione e di espressione" Il Cast evidenzia come gli studenti differiscono
nel modo in cui possono farsi strada in un ambiente
d'apprendimento ed esprimere ciò che sanno. Individui
con significative disabilità motorie (paralisi cerebrali),
o con abilità strategiche e organizzative compromes-
se (disturbi della funzione esecutiva), o con difficoltà
linguistiche hanno un approccio all'apprendimento
differente: per esempio, potrebbero esprimersi bene
nello scritto e non nell'orale, o viceversa. Si dovrebbe
riconoscere che l'azione e l'espressione richiedono un
gran numero di strategie nelle attività pratiche e nell'organizzazione, in cui gli studenti possono differenziarsi.
In realtà, non c'è un solo mezzo di azione o di espressione ottimale per tutti gli studenti; fornire opzioni di
azione e di espressione è fondamentale;

Il terzo principio enunciato prevede il 'fornire molteplici
mezzi di coinvolgimento' e indaga il 'perché' dell'apprendimento. L'affettività rappresenta un elemento cru-
ciale dell'apprendimento e gli studenti si differenziano
notevolmente nel modo in cui sono coinvolti e motivati.
Ci sono numerosi motivi che possono influenzare la
variazione individuale dell'affettività: i fattori neurologici
e culturali, l'interesse personale, la soggettività, la conoscenza pregressa. E così, mentre alcuni studenti sono

attratti dalla spontaneità e dalle novità, altri possono essere addirittura spaventati, preferendo alle novità la *routine*; alcuni studenti preferiscono studiare con dei compagni, altri, invece, preferiscono lavorare da soli. In realtà, non c'è un modo di coinvolgimento che possa essere ottimale per tutti gli studenti, in tutti i contesti. Pertanto, è essenziale fornire molteplici opzioni di coinvolgimento[21].

Quando il contenuto didattico è

> *"progettato per essere accessibile a tutti gli studenti, in via preliminare e non a posteriori, usando sia tecnologie che strategie pedagogiche, è allora che si può cominciare a fare progressi nell'assicurare l'accesso al curriculum generale"*[22].

L'aspetto di progettazione per tutti è quindi in strettissima correlazione con l'aspetto di progettazione per ciascuno, ed è ciò che caratterizza la Pua. D'altro canto, l'antropologia che è sottesa all'*International Classifica-*

---

21 Ivi, pp. 5-6.

22 Wehmeyer M. L., *Beyond Access: Ensuring Progress in the General Education Curriculum for Students with Severe Disabilities, in Research and Practice for Persons with Severe Disabilities*, December 2006.

tion of Functioning Disability and Health (ICF)[23], classificatore sanitario dell'O.M.S. (Organizzazione Mondiale della Sanità), è sintetizzabile nella valutazione secondo la quale ogni persona con disabilità non è la sua diagnosi. La diagnosi può definire l'eziologia di una patologia, ma non esprime la descrizione delle capacità, delle potenzialità e delle attitudini della persona.

In relazione alla redazione dei materiali didattici, le linee guida Udl precisano che l'elemento caratteristico dei materiali è la loro variabilità e flessibilità. Per trasmettere la conoscenza concettuale, i materiali della PUA utilizzano molteplici mezzi: i supporti integrati e istantanei, i glossari ipertestuali, le informazioni pregresse e i consigli sullo schermo[24]. L'offerta formativa, molteplice nelle modalità e nei tempi di presentazione, sembra equivalere alla proposizione di un menù didattico ricco e vario, in cui tutti gli alunni possono riconoscere i propri diversi gusti e punti di partenza, e *nutrirsi con soddisfazione e successo*[25].

---

23 ICF (Classificatore Internazionale del Funzionamento, della Disabilità e della Salute) è uno dei classificatori dell'OMS, approvato il 22 maggio 2001. Cfr. Portale Italiano delle Classificazioni Sanitarie, alla pagina: www.reteclassificazioni.it/portal_main.php?&portal_view=home.

24 Cfr. CAST, *Progettazione universale... op. cit.*, p. 8.

25 Savia G., *Universal design... op.cit.*, p. 98.

2. I TRE PRINCIPI DELLA PUA

3. OPERARE IN CHIAVE UDL NELLE CLASSI INCLUSIVE

3.1 Udl, le questioni sul tavolo

La Progettazione universale dell'apprendimento (Pua) pensata per gli alunni con disabilità intellettiva è possibile e auspicabile, dal momento che la sua applicazione è una delle modalità che

> *"possono essere (utilizzate)[26] per pianificare proattivamente supporti aggiuntivi che anticipano le esigenze di specifici discenti o gruppi di discenti"[27].*

Ciò vale per tutte le persone con la disabilità *tout court*. L'applicazione agli studenti con disabilità intellettiva

---

26 Al tempo stesso, le Linee Guida Udl aggiungono flessibilità al curriculum della classe.

27 Rao K., Sean J. Smith, Lowrey K.A., *UDL and Intellectual Disability: What Do We Know and Where Do We Go? Intellectual and developmental disabilities*, AAIDD, 2017, Vol. 55, nr. 1, p. 38.

necessita di ulteriore approfondimento pedagogico; le questioni alle quali è. necessario dare risposta, in chiave pedagogica sono:

- In che modo l'UdI può essere applicato "alla progettazione del curriculum e dell'istruzione" e "alla disposizione di supporti personalizzati al fine di supportare l'inclusione di studenti con disabilità intellettiva"?

- In che modo ricorrere all'UDL, in aggiunta a pratiche già adottate, basate sull'evidenza (EBP, *Evidence based practices*), a supporto della ricerca accademica, sull'educazione e agli obiettivi sociali per studenti con disabilità intellettiva?

- In che modo è possibile applicare efficacemente l'UDL all'interno del contesto scolastico e nel sistema dei sostegni agli studenti con disabilità intellettiva?[28]

---

28 Cfr. *Ivi*, p. 42.

3.2 È possibile applicare l'Udl alla didattica?

Ogni persona ha un suo stile di apprendimento, un modo personale di comprendere la realtà, possiede delle preferenze, delle passioni e delle capacità che le appartengono e, per questo, la rendono unica e irripetibile. Ogni riflessione pedagogica, pertanto, offre una prospettiva generale, ma non generalizzabile. È possibile proporre un'impostazione che indichi un orientamento *'per tutti i ciascuno'* con disabilità intellettiva, se e nella misura in cui si tiene conto che quella prospettiva è soltanto una direzione e non una ricetta da applicare meccanicamente. Precisato che "non esistono ricette valide per tutti", occorre specificare che solo alcuni studenti con disabilità intellettiva condividono alcune modalità di apprendimento[29], e queste consentono di ricavare informazioni utili per la progettazione del curriculum[30]; questi elementi hanno consentito una qualche applicazione dell'Udl alla didattica. Si tratta, comunque, di pochi studi[31], di fatto poco applicabili

---

29 Cfr. *Ivi*, p. 39.

30 Cfr. *Ibidem*.

31 Personalmente ho riscontrato quanto qui riportato (si tratta di pochi lavori), ma tale osservazione è stata fatta anche da altri. Cfr.

nella nostra realtà (il modello di didattica inclusiva che caratterizza la scuola italiana è ancora poco conosciuto nel resto del mondo). Dell'UdI sono disponibili le linee guida, predisposte dal Cast[32], ma non esiste, ad oggi, un orientamento sull'applicazione della didattica UdI a classi in cui sono iscritti studenti con disabilità.

Rao K., Smith J. S., Lowrey A. K., *UDL and Intellectual Disability, op. cit.*, p. 39.

32 In rete è presente una versione in lingua italiana dell'ultima versione (2.0) delle Linee guida. Il documento, che costituisce la traduzione delle linee guida del 2011 ed è stata curata da Giovanni Savia e da Paolina Mulè, è disponibile alla pagina: www.coursehero.com/file/32891400/.

3.3 Ricerche e validazione scientifica

Sulla validità dell'applicazione dell'UdI alla didattica nelle classi in ci sonno iscritti alunni con disabilità intellettiva, qualche timido segnale inizia ad essere presente almeno in letteratura. Si cita, quale esempio, uno studio condotto presso il *Center of Occupational Activities*, promosso dall'Università di Oporto[33]: La ricerca, realizzata mediante attività individuali, ha coinvolto persone con disabilità intellettiva di età compresa tra i 22 e i 24 anni[34]. L'attività proposta, sebbene non si tratti di un contesto scolastico, sembra molto prossima alla pratica didattica.

Una "Storia di frutti"

Il gruppo di ricerca ha preparato una storia dal titolo

---

33 Matos A., Rocha. T., Cabral L., Bessa M., *Multi-sensory storytelling to support learning for people with intellectual disability: an exploratory didactic study*, Procedia Computer Science, Vol. 67, 2015, pp. 12-18.

34 Appare opportuno precisare che, dalla descrizione dello studio condotto, i passaggi proposti paiono più simili a quanto avviene in Italia nei servizi sociosanitari per persone con disabilità.

"*Storia di frutti*", argomento che, normalmente, è affrontato nelle classi prime della scuola primaria. I frutti, protagonisti della storia, sono una mela vede, un'arancia e una pesca. La storia, raccontata nel corso della ricerca, inizia con la mela verde, che presenta i suoi amici e le loro caratteristiche. La conclusione consiste in una raccomandazione per restare in buona salute, accompagnata da un suggerimento: "durante la giornata, è bene mangiare diversi frutti".

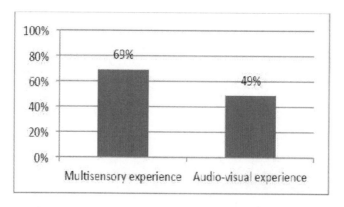

Figura 2. Media di risposte corrette nei due ambienti di apprendimento.

La storia è stata presentata nelle due versioni: una "audio-visuale", l'altra "multisensoriale" (vista, udito, odorato, tatto). Le persone con disabilità, divise in de gruppi, hanno fruito di entrambe le versioni; dopo circa 24 ore è stato chiesto loro di rispondere a un questionario sui contenuti proposti. La ricerca descrive anche le reazioni dei singoli durante la somministrazione (per esempio, l'informazione legata all'odorato pare sia stata accolta senza troppo entusiasmo).

Id	Multi-sensory (%)	Id	Audio-visual (%)
7	80	1	50
8	100	2	67
9	7	3	50
10	0	4	7
11	93	5	53
12	100	6	7
17	97	13	0
18	73	14	90
-	-	15	97
-	-	16	70

Figura 3. Percentuale di risposte corrette del soggetto diviso per gruppo di attività somministrata (audio-visuale o multisensoriale).

I risultati, riportati in tabella, nella figura 3, mostrano come il numero medio di risposte corrette nei due gruppi sia significativamente più alto nel gruppo al quale è stata proposta l'attività multisensoriale rispetto a quello in cui, invece, è stata proposta l'attività audio-visuale.

Questa esperienza è scarsamente comparabile con il contesto della didattica scolastica italiana, e un problema di questo tipo è stato rilevato anche in relazione a diverse altre ricerche esaminate[35] sul rapporto "alunni con disabilità intellettiva – Udl".

35 Coye P., Pisha B., Dalton B., Zeph L. A., Smith N. C., *Literacy by desig: a universal Design fr learning approach for students with significant Intellectual disabilities, Remedial and special education*, nr. XX, 2010.
Cfr. Rao K., Smith S. J., Lowrey K. A., *Udl and intellectual disability... op. cit.*
Cfr. Jackson R. M., *Curriculum access for student with low incidence disabilities: the promise of Universal design for learning*, National center on AEM, Harvard.
Cfr. Browder D. M., Mims Pamela J., Spooner L., Delzell A., Lee A., *Teaching elementary students with multiple disabilities to participate in shared stories, Research & practice for persons with severe disabilities*, Vol. 33, nr. 1-2, 3-12, 2008, Tash.
Cfr. Al Hazmi A. N., Ahmad A. C., *Universal design for learning to support accesso to general education curriculum for students with intellectual disabilities*, World Journla of Education, Vol. 8, nr. 2, 2018, pp. 66-72.

4. L'APPLICAZIONE. DELL'UDL ALLA DIDATTICA INCLUSIVA

4.1 Spunti per l'organizzazione della didattica

La didattica Udl si presta a consentire agli studenti di apprendere secondo i propri bisogni formativi. Rispetto a un menù fisso, al quale paragoniamo la progettazione didattica classica, l'Universal Design for Learning propone "un buffet", una varietà di proposte, accattivanti e suggestive, in grado di stimolare la motivazione e la curiosità. L'idea di fondo è quella di catturare l'interesse degli alunni e di farli avvicinare al banco del "sapere" affinché se ne arricchiscano. Questa della possibilità di fruire secondo il proprio bisogno non è una novità assoluta. Ad esempio, nella didattica montessoriana, applicata nella scuola dell'infanzia e nella primaria, gli alunni hanno la possibilità di disporre di materiali in modo autonomo e individuale, sono liberi di muoversi e di scegliere, in un contesto privo di premi e di punizioni in cui l'adulto, che sorveglia a distanza, ha il compito di dirigere e di rendere possibili le attività.

Sarebbe interessante riclassificare metodologie, metodi e strategie didattiche, secondo le tipologie del 'menu fisso' e del 'buffet': se ne otterrebbero accostamenti interessanti e inediti.

4.2 Il ruolo dell'insegnante "Udl"

Rispetto alla didattica tradizionale, in quella fondata sull'Udl il ruolo dell'insegnante subisce un cambiamento di prospettiva: da principale attore dell'azione didattica, da colui che "trasferisce conoscenze", da fulcro dell'apprendimento, l'insegnante diventa un allenatore, impegnato nel fornire agli studenti un quadro di fini e dei suggerimenti di mezzi e strumenti, volti a far acquisire la padronanza degli apprendimenti. L'insegnante, cioè, 'insegna' agli studenti a diventare *studenti esperti*[36]. Va aggiunto che la fruizione individuale o in coppia, o in piccoli gruppi richiede un'organizzazione degli spazi che la consenta. Un altro aspetto che riguarda l'organizzazione scolastica è quello delle compresenze[37]. La principale forma di compresenza nel nostro ordinamento è quella di disporre della presenza contemporanea di due contitolarità: l'insegnante incaricato su posto disciplinare e, quando nella classe è iscritto un alunno con disabilità, l'insegnante incaricato su posto 'di sostegno'.

---

36 CAST, *Progettazione universale... op.cit.*, p. 8.

37 Ianes D., Cramerotti S., (a cura di), *Compresenza didattica inclusiva. Indicazioni metodologiche e modelli operativi di co-teaching*, Ercikson, Trento 2015.

L'applicazione dell'Udl alla didattica potrebbe essere la cornice nella quale tale compresenza si articola e diventa foriera di sviluppi interessanti. Ad esempio, mentre l'insegnante disciplinare è impegnato nello spiegare o presentare un argomento alla classe, quello incaricato su posto di sostegno potrebbe scrivere alla lavagna, proponendo schemi, oppure avvicinarsi agli studenti per un supporto (*scaffolding* personalizzato). In ultima analisi, la compresenza didattica tra insegnanti

> *"fa sì che gli studenti con disabilità spendano più tempo all'interno della classe invece di essere 'allontanati' in un'aula (altra) per lavorare con il solo insegnante di sostegno, magari addirittura su argomenti che nulla hanno a che fare con quelli affrontati dai compagni"*[38].

La didattica fondata sulla Pua è stata spesso associata all'utilizzo di modalità didattiche che si avvalgono di strumenti multimediali. D'altro canto, il Cast, che ha fatto da culla all'avvio della Pua e ha redatto le relative linee guida, è '*Center for applied special technology*'.

Tuttavia va precisato che le metodologie fondate sulla tecnologia non vanno considerate come

---

38 *Ivi*, p. 55.

"l'unico mezzo per applicare la Pua. Gli insegnanti efficaci devono essere creativi e pieni di risorse, capaci di progettare ambienti di apprendimento flessibili che soddisfino la variabilità degli studenti, usando una gamma di soluzioni tecnologiche e non"[39].

Per applicare la Progettazione universale dell'apprendimento è possibile ipotizzare due modalità: la prima riguarda l'utilizzo della *flipped classroom* in chiave di Progettazione universale per l'apprendimento; la classe rovesciata consente di fruire a casa di una serie di materiali che, in buona parte, soddisfano le preferenze e gli stili di apprendimento dei singoli studenti; la seconda contempla la partecipazione, in classe, ad attività laboratoriali. Il materiale predisposto per la *flipped classroom*, adeguatamente strutturato, può essere uno strumento fruibile dallo studente con disabilità intellettiva, in base alle esigenze e ai contesti in maniera individualizzata in classe, nel gruppo di apprendimento cooperativo, ma anche a casa o in istruzione domiciliare.

---

39 CAST, Progettazione universale... op.cit., p. 10.

Flipped classroom e Istruzione domiciliare

Va segnalato che una didattica fondata sulla *flipped classroom* è in grado di offrire agli studenti, che necessitano di istruzione domiciliare, efficaci strumenti cui ricorrere in autonomia o con la collaborazione dell'insegnante che espleta attività di insegnamento domiciliare. Poiché le attività educativo-didattiche rivolte a bambini e ragazzi con disabilità intellettiva richiedono che, per ciascuno di essi, si faccia riferimento alle loro effettive capacità e potenzialità, quindi che siano fortemente individualizzate, agli insegnanti deve essere garantita una formazione "competente", affinché, partendo dalle capacità e potenzialità degli alunni, sappiano impostare e, se necessario, modificare le proprie strategie didattiche.

4.3 Spunti per le strategie di Pua

Una didattica fondata sull'utilizzo di materiali informatici comporta la possibilità di predisporre, ma anche di riutilizzare, tali strumenti, il che giustifica un investimento di tempo maggiore, in funzione del riutilizzo.

È possibile adottare degli accorgimenti per limitare l'investimento di tempo nella progettazione o nell'apprendimento, senza che gli insegnanti debbano ricorrere a complessi *training*?

Le proposte di seguito illustrate possono essere apprese dagli insegnanti interessati ricorrendo a un breve *training* o attraverso la fruizione di *tutorial*. Dal punto di vista organizzativo, è strategicamente utile predisporre, a scuola o a livello di dipartimento, uno o più schedari didattici per condividere i materiali preparati, favorendone il riutilizzo[40].

---

40 Cfr. Fioravanti G., *Didattica e pedagogia. Considerazioni, riflessioni e documenti su di una esperienza didattica romana*, Japadre, L'Aquila 2002, pp. 95-113.

La videolezione

Una video-lezione, progettata per la *flipped classroom*, può essere realizzata tenendo presenti alcuni accorgimenti che ne consentano una fruizione da parte di classi in cui sono iscritti allievi con disabilità intellettiva. Un primo accorgimento, conforme alle linee guida Udl, riguarda il lessico e la struttura del linguaggio utilizzato nelle videolezioni, come pure i materiali, da fornire come supporto cartaceo o digitale (Linee guida Udl, Punto di verifica 2.2, *Chiarire la sintassi e la struttura*).

Per realizzare la videolezione, l'insegnante predispone un testo, provvedendo alla revisione dello stesso in relazione alla struttura delle frasi. La cura del linguaggio è una attenzione non recente: è noto almeno fin dagli anni Novanta del secolo scorso come sia indispensabile per la scuola italiana elaborare

> *"strategie didattiche che facilitino l'accesso ai testi oggetto di studio, anche in considerazione della mutata composizione della popolazione scolastica"*[41].

---

41 Janfrancesco E., *L'abilità di lettura: leggibilità di un testo e proposte di facilitazione*, in "Didattica & Classe Plurilingue", nr. 1, aprile-maggio 2002, p. 2.

Le singole discipline, nel testo scritto e nell'espressione orale dei docenti, presentano le caratteristiche sia generali sia specifiche; il linguaggio disciplinare, proprio di ogni insegnamento, si connota per l'astrattezza, l'oggettività, la coerenza logica, il ricorrere massiccio di determinate strutture morfologiche e sintattiche, la presenza di un lessico specifico, la strutturazione del testo secondo convenzioni accettate[42]; tali impostazioni, potenzialmente, possono costituire un ostacolo nell'accesso ai contenuti da parte di più studenti.

Interessante notare la presenza di un'ampia bibliografia volta alla misurazione della leggibilità dei testi, corredata di approfonditi studi: si citano, quale esempio, quelli condotti sulla leggibilità dei bugiardini dei farmaci[43], dei testi giuridici[44], ma anche quelli che riguardano, più

---

42 Cfr. *Ibidem*.

43 Quale esemplificazione si indicano:
- Dyda A., *Leggibilità e comprensibilità del linguaggio medico attraverso i foglietti illustrativi in italiano e in polacco*, Tesi di dottorato, Università Jugellonica, Cracovia, 2019.
- Puato D., *Variabili linguistiche e comprensibilità nei foglietti illustrativi dei medicinali tedeschi e italiani*, in "Lingue Linguaggi", nr. 7/2012, pp. 89-116.

44 Capone C., *Processi di semplificazione del testo giuridico. Un caso di studio su una "memoria del pubblico ministero"*, in "Working Papers del Centro di Ricerca sulle Lingue Franche nella Comunicazione Interculturale e Multimediale", nr. 4/2017.

specificamente, i testi scolastici[45]. In tal senso, l'insegnante, in quanto mediatore fra i contenuti disciplinare e i suoi studenti, dovrà selezionare

"con cura i sussidi adattati, utilizzando forme di facilitazione dei testi, graduando le difficoltà della lingua in essi proposta, utilizzando uno stile comunicativo che tenga conto di quanti hanno difficoltà di comprensione"[46].

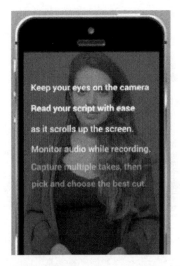

Figura 4. Bigvu, software per registrare con gobbo elettronico.

---

45 Si rimanda a Janfrancesco E., *L'abilità di lettura... op. cit.*, L'articolo è disponibile nel sito web: www.ufficiocatechisticougento.it/immagini/2016/05/criteri-di-leggibilità.pdf, p. 2.

46 Janfrancesco E., *L'abilità di lettura... op. cit.*, p. 3.

4.3 SPUNTI PER LE STRATEGIE DI PUA

La questione, infatti, riguarda due piani: la leggibilità e la comprensione, entrambi vanno fatti oggetto di attenzione da parte di ciascun docente. Predisposto il testo, il docente può scegliere di utilizzare un gobbo elettronico incluso nel dispositivo adottato, in modo da controllare esattamente ciò che deve dire; il gobbo consente di far scorrere il testo sullo schermo del dispositivo, che può essere un *tablet* o un cellulare o altro, mano a mano che esso viene letto dall'insegnante; la registrazione avviene simultaneamente allo scorrimento del testo. In questo modo il testo può essere preparato in precedenza in modo accurato, in modo da rendere accessibile l'informazione presentata. L'accessibilità, infatti, è data anche dalla sintassi e dalla struttura utilizzate.

Indici di leggibilità

Esistono diversi indici di misurazione della leggibilità; fra questi la cosiddetta "formula di Flesch", una delle "tecniche più efficaci e di facile attuazione per misurare la leggibilità di un testo"[47] in lingua inglese. Questa formula calcola la leggibilità tenendo conto della lunghezza media delle parole (misurate in sillabe) e della lunghezza media delle frasi (misurata in parole); essa tiene conto di due parametri:

---

47 *Ibidem*.

- una parola lunga è tendenzialmente usata meno di frequente di una breve;

- una frase lunga è di norma più complessa sintatticamente di una breve[48].

Uno strumento con finalità analoghe è l'indice di *Gulpease*, che ha il vantaggio, rispetto all'indice di Flesch, di richiedere il conteggio delle lettere e non delle sillabe. Verso la fine degli anni Ottanta del secolo scorso, il Gruppo Universitario Linguistico Pedagogico (Gulp), istituito presso l'Istituto di Filosofia dell'Università La Sapienza di Roma, realizzò uno studio sulla leggibilità della lingua italiana.

"Il risultato di questo lavoro fu l'indice di Gulpease, che veniva così a colmare la mancanza di strumenti nativamente italiani per la misurazione della leggibilità dei testi"[49].

---

48 "La formula di Flesch, per la lingua italiana, è la seguente: F = 206,835 – (0,6 * S) – P. Si sottrae dal valore assoluto 206,835 il numero delle sillabe (S) presenti nel documento su un campione di 100 parole e il numero medio delle parole (P) per frase, moltiplicati per un corrispettivo fattore di correzione", pubblicato in "Okpedia", www.okpedia.it/indice_di_flesch.

49 Diodati M., *Accessibilità. Guida completa*, Apogeo, Milano 2007, p. 499.

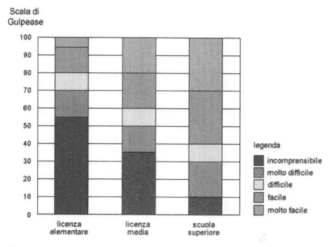

Figura 5. Scala di Gulpease e grado di istruzione del lettore.

Si tratta di uno strumento che non misura una leggibilità come valore assoluto, ma definisce, attraverso un indice compreso tra 0 (leggibilità nulla) e 100 (leggibilità massima), cinque soglie di leggibilità: "molto facile, facile, difficile, molto difficile, quasi incomprensibile"[50].

Applicare l'indice di *Gulpease* a un testo consente di valutarne la leggibilità in relazione al grado di istruzione. Al fine di dare attuazione al citato punto di verifica bisognerebbe semplificare la struttura sintattica del testo prima di metterlo a disposizione degli studenti

---

50 Formula *Gulpease*: "Facilità di lettura=89-LP/10+FR*3. Laddove per LP si intendono le lettere*100/totale delle parole e per FR si intende frasi*100/totale parole, in http://host.uniroma3.it/docenti/margottini/doc/leggibilità.pdf.

come testo scritto o prima di utilizzarlo come testo per una videolezione o un *podcast*.

Sempre in relazione al punto di verifica 2.1 (chiarire il lessico e i simboli), un aspetto importante riguarda la necessità di sostituire i concetti astratti con analoghe rappresentazioni materiali. Si tratta di fare ricorso a quella che nella letteratura di didattica speciale viene definita *analogicità*, ossia

> *"la possibilità di rappresentare contenuti astratti per mezzo di figure, schemi, vignette, cartoni animati, suoni, ecc. Tali elementi assolvono evidenti funzioni legate all'attrazione, alla stimolazione della curiosità e dell'interesse"*[51]

dei ragazzi con disabilità. Un altro suggerimento relativo alla realizzazione della didattica con bambini o ragazzi con disabilità riguarda l'esigenza di riportare a conoscenze di base, riducendo quelle pregresse.

---

51 Peroni M., Ciceri F., (a cura di), *Ritardo mentale. Come utilizzare al meglio le nuove tecnologie con i disturbi cognitivi. Guida agli ausili informativi*, Anastasis, Bologna 2006, p. 23.

Opzioni per la personalizzazione

La personalizzazione della presentazione riguarda anche i diversi materiali digitali: il testo fornito agli studenti, sia esso in ".doc" o in formato ".pdf" o altro formato, va reso accessibile, in modo che ciascuno di loro possa personalizzarne la fruizione, secondo il criterio della "malleabilità" (Linee guida Udl, Punto di verifica 1.1, *Offrire opzioni che permettano la personalizzazione nella presentazione dell'informazione*)[52]. Se il testo è fornito in formato ".doc", lo studente o l'insegnante incaricato su posto di sostegno o il docente incaricato su posto disciplinare potrà modificarne le caratteristiche tipografiche (il colore, la dimensione, l'orientamento), sulla base delle preferenze o delle possibilità di accesso. Se sono stati disposti contenuti visivi o audio è possibile fornirli, sempre in relazione al punto di verifica 1.1, con velocità di duplicazione diverse in modo da consentire agli studenti con disabilità una ricezione semplificata; ciò vale anche per altri studenti, per chi prediligesse un ritmo di fruizione dei contenuti audio più lento oppure anche per gli alunni non italofoni[53].

---

52 La "malleabilità" consiste nel fornire *"opzioni per aumentare la chiarezza e la rilevanza dell'informazione per un ampio numero di studenti e permette adattamenti alle preferenze degli altri"*, in CAST.

53 Nel punto di verifica 1.2 delle Linee guida Udl della CAST, che riguarda l'offrire alternative per le informazioni uditive, viene sug-

Attivare le conoscenze pregresse

Si aggiunga, inoltre, l'importanza delle preconoscenze, fondamentali per accedere ai nuovi contenuti; le linee guida Udl (3.1, *Attivare o fornire la conoscenza di base*) suggeriscono l'uso di immagini, di organizzatori grafici (i metodi KWL, *Know, Want-to-know, Learned, o le mappe concettuali*), di attività di "*warm up*", come pure l'uso di metafore o l'esplicitare collegamenti interdisciplinari per sollecitare, negli studenti, le preconoscenze *pregresse o per fare collegamenti con precedenti informazioni*[54]. Controllare le conoscenze pregresse è sicuramente un ottimo suggerimento e una prassi da adottare, in particolare nel momento in cui il docente è impegnato nella realizzazione di materiali didattici per classi in cui sono iscritti studenti con disabilità intellettiva.

Nell'ottica di promozione dell'autodeterminazione e del potenziamento del senso di autoefficacia, si inserisce in modo coerente il punto di verifica 7.1 delle linee guida Udl, riguardante l'ottimizzazione dell'autonomia e delle scelte individuali. Significa offrire agli alunni una maggiore discrezionalità, fornendo scelte sul raggiun-

---

gerito di fornire il testo della videolezione anche in formato testo e nella forma dei sottotitoli.

54 CAST, *Progettazione universale ...*, p. 15.

gimento degli obiettivi e sul livello di difficoltà degli strumenti. Tale punto di verifica, nel momento in cui si progetta una attività in chiave Udl, può rivelarsi particolarmente prezioso perché si può lavorare in modo che alcuni materiali (quelli in cui ad esempio lo studio lessicale e sintattico) siano costruiti in modo da essere la base per un apprendimento successivo, a cui alcuni studenti potrebbero decidere di non accedere.

Variare domande e risorse per ottimizzare la sfida

Una volta elaborato il testo per la videolezione, si procede alla sua realizzazione, tenendo presenti sia le modalità di "fruizione individuale" che le opportunità determinate dal poter accedere a ulteriore materiale, graduando la difficoltà del compito: sono gli studenti a scegliere a quale proposta accedere; in tal modo essi dispongono di quanto necessario per affrontare il compito con successo (Linee guida Udl, Punto di verifica 8.2, *Variare le domande e le risorse per ottimizzare la sfida*). La possibilità di riutilizzare la videolezione giustifica un impegno aggiuntivo nell'apposizione di sottotitoli al suo interno, almeno sui materiali rivolti a tutti.

Promuovere la collaborazione e la comunità

In considerazione della complessità delle classi della scuola italiana, che accolgono molteplici diversità, una particolare attenzione va rivolta al punto di verifica 8.3 delle linee guida Udl: *promuovere la collaborazione e la comunità.* È stato rilevato come la collaborazione di gruppo funzioni quale potente attivatore delle risorse individuali. Parimenti è diffusa la convinzione per cui

> *"l'accesso al curriculum tra gli studenti con disabilità intellettiva può essere migliorato collocandoli in un ambiente adattabile e flessibile per aumentare ulteriormente la loro partecipazione alle attività in classe"[55],*

insieme ai compagni. Un aspetto molto interessante connesso con la collaborazione e la comunità è l'utilizzo della CWPT (*Class Wide Peer Tutoring*) in classi in cui siano iscritti allievi con disabilità intellettiva. Il metodo è stato utilizzato già come strumento in classi in cui

---

55 Al Hazmi A. N., Ahmad A. C., *Universal design... op.cit.*, p. 68. Nell'originale la valutazione riportata tra virgolette è riferita a Idea, l'*Individuals with Disabilities Education Act*, che raccoglie gli sforzi del Governo statunitense a supporto di istituzioni pubbliche e private, al fine di consentire un'appropriata formazione pubblica ai bambini con disabilità. Per maggiori informazioni su Idea si rimanda al sito web: https://sites.ed.gov/idea/.

erano iscritti alunni con autismo[56]. Il CWPT (*Class Wide Peer Tutoring*) è una strategia di insegnamento basata sul tutoraggio tra pari e sul rinforzo di gruppo. Durante una sessione di CWPT una classe di studenti viene attivamente coinvolta nel processo di apprendimento e nella pratica di abilità scolastiche di base in modo simultaneo, sistematico e divertente. Con questa procedura gli studenti possono raddoppiare o triplicare il tempo di pratica e di interazione con il compito di apprendimento che può essere ad esempio, lo *spelling*, la soluzione rapida a problemi di matematica, la lettura fluente, imparare il vocabolario, le. definizioni o i contenuti. È certamente possibile avvalersi del CWPT nell'ambito di una programmazione fondata sulla Progettazione Universale per l'Apprendimento, anche e, soprattutto, nelle classi in cui sono iscritti alunni con disabilità intellettiva[57].

---

56 Cfr. Kamps D. M., Barbetta P. M., Delquadri L. J., Betry R., *Classwide peer tutoring: an integration strategy to improve reading skills and promote peer interactions among students with autism and general education peers*, in "Journal of applied behaviour analysis", nr. 1/1994, pp. 49 – 61.

57 "*Il CWPT (Class Wide Peer Tutoring) con l'intera classe*", pubblicato in www.scintille.it/cwpt-peer-tutoring-tutoraggio-tra-pari-con-l-intera-classe/; l'articolo è stato tradotto e adattato da da www.specialconnections.ku.edu/?q=instruction/classwide_peer_tutoring/teacher_tools.

CONCLUSIONI

Si evince, da questo lavoro, che si è dato l'obiettivo di indagare il possibile ambito di applicazione dell'Udl a una didattica inclusiva, da adottarsi nelle classi in cui sono iscritti alunni con disabilità intellettiva, che, nonostante gli esiti delle ricerche e delle esperienze siano ancora incerti, in tale ambito sono tuttavia riscontrabili alcuni risultati incoraggianti.

La progettazione universale dell'apprendimento offre sicuramente diverse opportunità per la progettazione di attività didattiche e per percorsi di apprendimento rivolti a classi inclusive. Tuttavia resta da approfondire ulteriormente l'aspetto, fino ad ora poco indagato, che riguarda l'applicazione delle linee guida Udl in presenza di persone con disabilità intellettiva, ma la consapevolezza diffusa della necessità di "costruire" approcci didattici diversi e più efficaci per garantire uguali diritti e opportunità a tutti gli alunni iscritti nelle classi delle nostre scuole, compresi quelli con disturbi di apprendimento o quelli con disabilità, sollecita insegnanti ed esperti a non abbandonare alcuna strada, anche se da poco aperta, fra quelle che la ricerca pedagogica nazionale e internazionale si sforza di percorrere.

BIBLIOGRAFIA

Volumi

- CONTARDI A., *Verso l'autonomia. Percorsi educativi per ragazzi con disabilità intellettiva*, Carocci, Roma 2012.

- CORSINI G., PERRINI F., *Orizzonti possibili. Percorsi di formazione mirata, inserimento lavorativo e integrazione sociale di persone con disabilità intellettiva in Lombardia*, Franco Angeli, Milano 1999.

- COTTINI L., *L'autismo a scuola. Quattro parole chiave per l'integrazione*, Carocci Faber, Roma 2011.

- COTTINI L, *Universal Design for learning e curricolo inclusivo*, Giuntiedu, Milano 2019.

- DIODATI M., *Accessibilità. Guida completa*, Apogeo, Milano 2007.

- FIORAVANTI G., *Didattica e pedagogia. Considerazioni, riflessioni e documenti su di una esperienza didattica romana*, Japadre editore, L'Aquila 2002.

- FIORAVANTI G., *Pedagogia dello studio. Riflessioni e spunti per una pedagogia del desiderio*, Japadre editore, L'Aquila 2005.

- IANES D., *Il piano educativo individualizzato. Nuova guida 1999-2001: diagnosi, profilo dinamico funzionale, obiettivi e attività didattiche*, Trento, Erickson 1999.

- JACKSON R. M., *Curriculum access for student with low incidence disabilities: the promise of Universal design for learning*, National center on AEM, Harvard.

- MAGNI F., *Dall'integrazione all'inclusione. Il nuovo profilo del docente di sostegno*, Studium, Roma 2018.

- MARAGLIANO R, *Nuovo manuale di didattica speciale*, Laterza, Bari 1998.

- NOVAK K., *Udl Now!: A Teacher's Guide to Applying Universal Design for Learning in Today's Classrooms*.

- OLIVERIO A., *Neuropedagogia. Cervello, esperienza, apprendimento*, Giunti Editore, Firenze 2012.

- ROSE H.H., MEYER A., HITCHCOCK C., *The Universally Designed Classroom*, Harvard Education Press, Harvard 2005.

- RUGERINI C., DALLA VECCHIA A., VEZZOSI F. (edd), *Prendersi cura della disabilità intellettiva: coordinate OMS, buone pratiche e storie di vita*, Erickson, Trento 2008.

- SAVIA G., *Universal design for learning: progettazione universale per l'apprendimento e didattica inclusiva*, Erckson, Trento 2016.

- TARRACCHINI E., *Riprendiamoci la pedagogia*, Pellegrini, Cosenza 2015.

- TRISCIUZZI L., *Pedagogia e didattica speciale per insegnanti di sostegno e operatori della formazione*, Ets, Pisa 2001

Articoli e sitografia

- AL HAZMI A.N., AHMAD A. C., *Universal design for learning to support accesso to general education curriculum for students with intellectual disabilities*, in "World Journla of Education", Sciedu Press, Volume 8, nr. 2, 2018, in https://files.eric.ed.gov/fulltext/EJ1175398.pdf.

- BROWDER D. M., MIMS PAMELA J., SPOONER L., DELZELL A., LEE A., *Teaching Elementary Students with Multiple Disabilities to Participate in Shared Stories. Research and Practice for Persons with Severe Disabilities,* Remedial and Special Education, anno

2008, 33(1–2), 3–12. https://doi.org/10.2511/rpsd.33.1-2.3.

- CAPONE C., *Processi di semplificazione del testo giuridico. Un caso di studio su una "memoria del pubblico ministero"*, in Centro di Ricerca sulle Lingue Franche nella Comunicazione Interculturale e Multimediale, "Working Papers Centro di Ricerca sulle Lingue Franche nella Comunicazione Interculturale e Multimediale", Dipartimento di Studi Umanistici dell'Università del Salento, Salerno, nr. 4/2017.

- CAST *(Centre for Applied Special Technology), Progettazione universale per l'apprendimento. Linee guida,* Traduzione in italiano a cura di Savia G., Mulè P., versione 2.0, 2015.

- COYE P., *PISHA B., DALTON B., ZEPH L.A., SMITH N.C., Literacy by Design: a universal Design for learning approach for students with significant Intellectual disabilities,* Remedial and Special Education, 2010, 33(3), 162–172. https://doi.org/10.1177/0741932510381651.

- DYDA A., *Leggibilità e comprensibilità del linguaggio medico attraverso i foglietti illustrativi in italiano e in polacco,* Tesi di dottorato, Università Jagellonica, Cracovia 2019.

- KAMPS D. M., BARBETTA P. M., DELQUADRI L. J., BETRY R., *Classwide peer tutoring: an integration strategy to improve reading skills and promote peer interactions among students with autism and general education peers,* in Journal of applied behaviour analysis, nr. 1/1994, pp. 49 – 61.

- JANFRANCESCO E., *L'abilità di lettura: leggibilità di un testo e proposte di facilitazione,* in Didattica e Classe Plurilingue, nr. 1, aprile-maggio 2002.

- PUATO D., *Variabili linguistiche e comprensibilità nei foglietti illustrativi dei medicinali tedeschi e italiani,* in Lingue Linguaggi, nr. 7/2012.

- RAO K., SMITH S. J., LOWREY K. A., *Udl and intellectual disability: what do we know and where do we go?,* in Intellectual and developmpemental disability, volume 55, nr. 1, 2017.

- SCORTICHINI F., STELLA G., MORLINI I., *Training lessicale nella dislessia e disortografia evolutiva Analisi dell'ef cacia di due nuovi trattamenti per il potenziamento della letto-scrittura,* in Dislessia, Vol. 8, n. 2, maggio 2011, Erickson, Trento, 2001

- WEHMEYER M.L., *Beyond Access: Ensuring Progress in the General Education Curriculum for Students with Severe Disabilities,* in Research and Practice for Persons with Severe Disabilities, University of Kansas, December 2006.

- NORMATIVA, Nota MIUR (Ministero dell'istruzione, dell'Università e della Ricerca), *Linee guida per l'integrazione scolastica degli alunni con disabilità,* 4 agosto 2009, Prot. n. 4274.

Printed by Amazon Italia Logistica S.r.l.
Torrazza Piemonte (TO), Italy

58782111R00031